entre estrelas
e cinzas

entre estrelas e cinzas

Poemas escritos por
Adair Amaral

Título original entre estrelas e cinzas
Primeira publicação em
Belo Horizonte, Minas Gerais, Brasil.
2024

1ª Edição

Dados Internacionais de Catalogação na Publicação (CIP)
(Câmara Brasileira do Livro, SP, Brasil)

A485e2024 Amaral, Adair
Entre estrelas e cinzas / Adair Amaral. -- 1. ed. --
Belo Horizonte, MG : Ed. do Autor, 2024.
62p.
ISBN: 978-65-01-20663-9

1. Poesia brasileira. 2. Literatura brasileira. I. Título.

CDD:869
CDU: 82-1

Ficha catalográfica elaborada pela bibliotecária Iris da Silva. CRB6 2283

não posso adiar o coração

— SUMÁRIO —

Poema

a escrita é infinita.
as palavras, as frases, as rimas
estão em toda parte e jazem também aqui.

basta encontrar a harmonia
que se esconde atrás dessas letras.

sobre o que você quer falar?

nossos pensamentos precisam de um meio físico
para se expressar ante nossos olhos
e dar vazão aos nossos anseios e desejos.

o que faz sentido em seu coração?

um poema serve para nos acolher.

é uma conversa à toa entre o ser e o pensamento.
entre o não-ser e o sentimento.

logo eu que agia sempre pela razão.

acabei aqui, preso em um poema.

2024

ano novo.

novas páginas a serem escritas.

a caneta ainda é a mesma, mas uma nova cor acabou de chegar.

por onde andarás, afinal?

as dúvidas vêm para ratificar o que sentimos,
no momento em que as cicatrizes
insistem em se mostrar.

e se nos atentarmos às linhas tortas
que escrevemos no ano que se findou,
poderemos encontrar o caminho certo.

é ano novo.

ano de mudança.
ano de permanência, há de permanecer.

leve e sereno, há de ficar.

alguns fins.
alguns infinitos.

sei que o tempo vai ser bom para você,
para nós.

acredite, ainda faz sentido.
eu sinto.
vamos conversar, vamos começar.

é ano novo,

espaço inaudito do amor.

o amor é a única coisa
que transcende o tempo e o espaço

Incondicional amore

o amor é o que nos move.

ainda que muitas pessoas não
consigam expressar,

ou ainda que muitas vezes
não consigam nem perceber,

é o desejo de amar e ser amado
que nos impulsiona a seguir.

é por amor e pelo amor
que vivemos.

nele existimos e nele nos movemos,
como folhas ao vento.

o amor é leve, é natural
e nos torna melhores.

em sua essência não há espaço
para sofrimento,
inveja ou egoísmo.

amor é plenitude,
ser inteiro, não metade,
acolhimento e conforto,
sentir-se em casa no coração do outro.

o amor é manancial infinito.
é presença, cuidado e atenção.

é também deixar ir quando for a hora
e se alegrar por quem partiu
(ou por quem ficou).

o amor só quer o bem.
só sabe o bem, só conhece o bem.

não é aposta, mas escolha segura.

é nosso início, nosso meio
e nosso destino.

só o amor importa.

e sendo assim,
de todas as coisas do mundo

entre as luzes e sombras,
eu escolho amar.

pois no amor,
encontro a coragem de ser livre
e a beleza de ser quem sou.

uma eterna jornada de entrega
e redescoberta.

onde existe amor não há finais,
mas um novo começo

a cada amanhecer.

A lua

Luana, quem és tu?

<u>lua na</u>vegando no céu
e navegando se perde no horizonte.

ela então contempla as estrelas.
deitou-se ao relento
e como a lua, Luana também se perde,

menos no horizonte
mais em seus pensamentos.

ao seu lado, todas as gerações.
o seu futuro é também ancestral.

cachos soltos,
cachos nos olhos.

os olhos no tempo,
os olhos no céu.

e o céu te pergunta:

Luana, quem és tu?

Irreversível

achei que nunca mais voltaria aqui,
mas gostar de você é irreversível.

não há cura.

os poemas se foram, as estações mudaram,
novas músicas surgiram,
mas ainda é em você
que meus olhos buscam abrigo.

sinto como se estivéssemos presos
no dia em que nos (re)conhecemos,

em meio à multidão.

é um dia que ainda não terminou.

e seguimos assim.
sem ir.
sem ficar.

somos metades inteiras.

sem saber nos querer de vez.
laçados em nós.

nós dois
e o difícil desejo de amar.

qual o maior selo de libertação
que podemos ter?

não sentir mais
vergonha de si mesmo

Metamorfose

meus pés andavam sem direção,
perdidos e já não havia melodias a expressar.

o momento era desafiador
e as respostas pareciam não querer me encontrar.

até que em um momento desses
com o poder de tudo transformar,
em meio ao caos da vida cotidiana,
um ritmo se faz escutar.

é contagiante e cada parte do meu corpo
quer se movimentar.

senti que minha vida inteira
estava prestes a mudar.

meus lábios agora já entreveem um sorriso,
mas meus pés ainda calçados
precisam aprender a se libertar.

o universo então parece se movimentar
e sem que eu buscasse conscientemente,
somos atraídos e eu já não consigo escapar.
é natural, é magnetismo,
é força em profusão.

é o forró.

e ele não está sozinho.
com ele os sorrisos,
as conexões e as pessoas.

ah, as pessoas.
com elas eu então me encontro,
te encontro e não quero mais me afastar.

o tempo é uma caixinha de mistérios,
insondável,
mas questiono por que eu demorei tanto
para aqui chegar.

a musicalidade das pessoas me encanta.
os corpos de dança pelo salão
brincam com o eterno prazer.

desenvoltura, desenho,
força e sustentação, é lindo de se ver.

mas é especialmente no abraço desse xote
que me sinto perfeitamente acolher.

o coração se aquece
e os pés que antes não viam coisa alguma,
agora começam a renascer.

são pés descalços,
que novamente sentem o alvorecer.

sentindo o poder do forró,
agora saem a dançar
e a felicidade pode novamente
irradiar em meu ser.

'foi mistério e segredo e muito mais'

Lotação máxima

a teimosia em te amar me consome.
a realidade, um muro impenetrável.

escrevo poemas, mas eles não te alcançam,
e a saudade me consome, gota a gota.

em cada verso, um oceano de saudade.
escrevo para você, em noites de lua cheia,
sonhando com beijos que nunca darei.

como seriam nossas tardes de domingo?
quais destinos escolheríamos para viajar?

com qual apelido carinhoso nos chamaríamos,
quando nossos corpos quisessem juntos,
se aquecer?
são tantas perguntas e nenhuma resposta.

meu coração já até perdeu as contas
de quantas batidas
foram direcionadas a você.

a verdade é que
ele já ficou pequeno
para tanto desejo.

preciso abrir
mais espaço em mim.

somos memórias de uma vida inteira

Certas coisas

a vida escoa pelas mãos
e os dias passam como o vento
que sopra despreocupado.

quem somos nós?

nossas escolhas parecem
não alterar nosso destino.
mesmo assim, vivemos de aparências,
sem tocar o que de fato nos motiva.

o tempo é sempre alheio a nossa vontade,
mas que importa?

se nossa vontade quase sempre
é pautada por nosso egoísmo mais puro?

desafios da existência comum,
sem propósito real.

vivendo nesse pálido ponto azul
dentro da caverna mental
que nossa cegueira criou.

afinal, quem nos deu a chance de ser?
o absoluto acaso,
ou o nada teria todo esse poder?

tem certas coisas que eu não sei dizer.

às vezes, reflito desinteressado.

penso, mas logo desisto.

Incontestável

existe aquilo a que nos acostumamos
e existe o que é real.

aquilo a que nos acostumamos,
conseguimos moldar, ressignificar,
dar o sentido que achamos ser o certo
e nos acomodar.

o que é verdadeiro, não.
chega sem que busquemos, sem avisar.

cresce em nós sem nossa permissão,
sem nosso controle.

e ocupa um espaço que aparentemente,
nem estava vazio.

não importam as lágrimas derramadas,
a pele machucada,

a falta de concentração,
ou a vida em quase colapso.
o que é verdadeiro não entende
a dimensão concreta da vida.

a linguagem é outra.

você então pergunta:

quantos dias são necessários para esquecer?

dias, meses, anos...
não importa.

o que é verdadeiro não vai embora.
já era nosso e nem sabíamos.

o que é verdadeiro é inequívoco,
é natural, preenche nossa alma
e nos faz sorrir dos pés à cabeça.

somos atraídos como ímãs.

mas como ter certeza?
é uma aposta alta demais,
é quase tudo que tenho.

não é aposta,
quando nosso coração
já sabe o resultado.

que seu coração seja sempre sensível
à beleza e à ternura da vida

Ode à graciosidade

a beleza te escolheu como veículo
para vir ao mundo.

através de você ela expressa a simetria
em seus traços fecundos.

o quebra-cabeça da harmonia está montado,
na sua beleza todas as peças se encaixaram.

o equilíbrio das cores, dos gestos.
faz-se lembrar um santuário.

eram tantas as possibilidades,
mas foi em você
que a multiplicidade do todo,
se transformou em um.

um sorriso,
um olhar,
uma feição.

o universo tentava prosseguir, em vão
até que se rendeu e disse:

"não, não posso continuar existindo assim,
eu preciso de você aqui"

e então, Nefertite - a mais bela chegou –

tento, desde então,
resolver a matemática
na beleza de seu rosto.

simetria, textura e padrão
um rosto harmonioso, formosura em profusão.

alguém então exclamará:
"mas beleza é algo relativo!"
seguramente, trata-se de uma sentença que terá muito o que falar.

deixo que a razão áurea do seu rosto
responda com exatidão.

Da Vinci já prenunciava sua vinda
quando dizia
de um grau de harmonia absoluto,
que ele já conhecia.

sua beleza é completa,
é clássica.

independe da época.
supera gostos pessoais ou
inclinações instintivas.

a beleza do mundo seria incompleta sem você.

e a vida é bela por que você é.

Aurora

em meio a gota de esperança
que aliviava nossa sede
após uma longa travessia no deserto,

suas palavras chegaram a mim
como o ar quente que não dá trégua
ao viajor já fustigado pelo sol.

"não me espere", você disse.
mas, não é mais sobre isso.

eu já não te espero,
como as flores esperam a primavera,
para mostrarem sua beleza
e irradiar seu perfume.

te procurei a vida toda
e a espera terminou

no exato momento em que
meus olhos puderam enxergar,

os primeiros raios de sol
invadindo meu coração.

era você.
o prenúncio milenar, do alvorecer.
bem-vinda, aurora.

És?

não sei para onde vão
os sentimentos não vividos.

a saudade chega e arde em meu peito,
queimando tudo que existe.

agora já não resta mais nada,
apenas meu coração sob as cinzas do tempo.

o passado e o futuro
se misturam a todo momento.

que a metafísica nos ajude
a viver em plenitude.

mais atos
menos processos
mais resultados.

és, quem querias ser?

O impossível

o que é a vida, sem a morte?

nós nunca mais viveremos
esse momento novamente.

você nunca mais estará
tão linda como agora.

o segredo da eternidade
é a impermanência, a efemeridade.

e se existe algo ao invés do nada,
então tudo pode existir.

não há limites.

se tudo existe,
nada existe.

o que nos mata é a solidão

Trindade

me lanço novamente ao desconhecido.

as páginas deste caderno
insistem em ser escritas.

mais uma jornada começa e em princípio,
tenho a sensação que dessa vez
não irei me conectar a ninguém.

naturalmente, meu espírito é um buscador de seres iguais a mim.

a vibração inicial é confusa,
as pessoas, desatentas.

a energia nunca mente.

vou então para os braços de Morfeu,
talvez ao despertar tudo irá melhorar.

eu estava certo.

abro os olhos e os olhos azuis
vêm ao encontro dos meus.
se fosse um clichê, diria que acordei no céu.

a conexão é instantânea e então
somos atraídos como ímãs.

já nos conhecíamos?

no plano físico é a primeira vez
que nossas peles se tocam,
no plano astral nossas energias
já haviam se encontrado.

olhos nos olhos ela tenta me decifrar,
mas o mistério é infinito, das duas partes.

nosso abraço é um encontro.

os olhos no tempo
e há quanto tempo não tomava banho de chuva.

antes, seria incômodo,
mas hoje o significado é outro.

ela adora o mar e deixa que as ondas a atinjam.

eu me encanto.

seguimos os dias com seu riso contagiante
e eu já me acostumei
ao seu olhar buscando o meu,
buscando reciprocidade,
o que ela sempre encontrou.

seus olhos viram minha alma
e agora ela faz parte de mim.

nossos dias juntos foram eternos,
mas a vida e a via são infindas.

agradeço e sigo

o tempo não para.

Eu sei lá

eu não sabia
que no dia do seu aniversário,
como um presente,
o universo iria nos apresentar.

eu não sabia
que algum tempo depois,
aquele ritmo em comum faria nos reencontrar.

eu não sabia
que naquela noite
em uma música qualquer
nossos corpos iriam se aconchegar.

eu não sabia
que com nosso abraço "bem bom"
de mais nada eu iria precisar.

eu não sabia
que através de seu doce olhar
seus segredos eu iria querer desvendar.

eu nem sequer sabia
que jabuticabas podiam dançar.
eu não sabia
que o seu lindo sorriso me faria deslumbrar.

eu perigosamente não sabia
que com tudo isso,

até em Nárnia nós iríamos chegar.

eu inclusive não sabia
assim como continuo sem saber,
o caminho e a maneira de voltar

antes, eu era eu, até você chegar.
agora, sem mais nem menos,

eu sei lá

se alguém me desse a opção agora
de nunca mais te ver ou me casar com você,
eu me casaria com você

Jabuticabas

o que queres, tu? menina?
meu coração não é terra de ninguém,
para que semeies tão depressa.

aqui ainda habito eu.

de onde vieram essas jabuticabas?
tão doces, tão saborosas.
ainda não sei o que querem enxergar.

agora, também quero eu colhê-las no pé.

sorte a minha, já estão maduras.

é preciso uma coincidência qualquer
para que o amor se instale.
existe um certo milagre nos encontros.

É você

ao me encontrar, eu te encontrei
ao te encontrar, eu me doei
ao me doar, você sorriu.

sorrindo, você se entregou
se entregando, você se despiu
se despindo, eu te vi.

ao vê-la,
me encantei
me inebriei

a aurora então nos surpreendeu
e nesse momento eu senti.
sentindo eu pensei.

é você.

A mais bela

existe algo em seus lábios,
muito além de seu lindo
e magnífico sorriso.

há algo em seus olhos,
além de seu profundo e penetrante olhar.

afinal, há algo nela que ainda não sei explicar,
nem desvendar e nem entender.

são tantas camadas em sua beleza
que mesmo que me fosse dado
a oportunidade da eternidade
para contemplá-la, ainda assim,
faltaria tempo para decifrá-la.

mas, que quero eu com isso?

do que vale toda a inteligência do mundo,
quando o assunto é tratado pelo coração?

sim, nem tudo precisa ter um sentido concreto,
objetivo e alcançável à razão.

me contento e aprazo-me
com o cheiro de sua pele,
mais suave do que as pétalas de jasmim,
que evoca a sensação de primavera em minh'alma.

me deleito e refestelo-me
em sua beleza estonteante,
que me eleva e faz-me conectar ao divino
que habita em nós.

por tudo isso, eu proclamo:

não se entristeçais, ó razão, miríade de Atenas,
pois apesar de serem palavras
o que saem dos meus lábios.

nem minha mente sã,
ou minha lucidez
ou minha psique são aptos a entender.

apenas meu coração
é capaz de se regozijar
pelo que esses vocábulos
almejam expressar sobre você.

e isso me basta.

Sim

sim, foi tudo real.

desde o momento em que nossas
almas se encontraram,
a verdade nunca mais se escondeu.

nós não nos inventamos,
não teríamos essa capacidade.

então, qual é o segredo da realidade?

assim como o desejo que sinto
quando nossas peles se tocam,

sim, foi tudo real.

assim como a vontade
de continuar abraçado eternamente
quando nossos corpos se encaixam,

sim, foi tudo real.

tão real como os beijos
que ainda poderíamos ter
como os sonhos que
ainda podemos sonhar,
como as promessas
que ainda podemos fazer.

sim, foi tudo real
e continuará sendo,
enquanto nossos corações
baterem em uníssono.

enquanto nossas almas
se reconhecerem no olhar um do outro.

enquanto o amor
for a verdade que buscamos.

Não

não quero me arrepender
do que eu poderia ter feito e não fiz.

não quero me arrepender do tanto
que eu poderia ter amado.

viverei com intensidade,
com significado e paixão.

não quero medir o carinho,
os abraços e os beijos apaixonados.

não quero deixar minha alma vibrar em vão.

não quero me trair.
minha essência me chama à vida plena.

ainda que me quebre a cara,
agindo assim não me quebro a alma.

você é o futuro que passou

(im)permanência

há de passar.

não sei em qual estação do ano,
nem após quantas noites mal dormidas,
nem quantos poemas serão escritos,
ou que parte de mim precisará morrer.

mas, há de passar.

assim como um dia, sem sentido algum,
nós fizemos sentido juntos,
um dia, não faremos mais.

ao me perder de vista,
seus olhos pousarão em outro lugar.

talvez até fique com dúvidas
ao olhar para trás.

talvez encontre dificuldade
para se lembrar das razões
que te faziam t a n t o querer ficar.

e lutar
e amar
mas, quando o encanto se quebrar,
quando não encontrar mais sentido,

quando não houver mais

inspiração para esses poemas,

ou meu sorriso,
ou nossas memórias.

quando você partir, cansada de ficar,

quando você for inteira
com quem é inteiro com você,

eu terei parte inacabada.

e você continuará sendo
quem me fez desejar me perder de mim

e me refazer com você.
(quem eu seria então?)

porque, para você, um dia vai passar.
há de passar.

enquanto (im)permanecerá em mim.

Arte de capa — Adair Amaral
Revisão textual – Norma Lelis Amaral

Instagram do autor

@adair_mg_

Tipografias — ***Palatino LT. 13/11,5/10,5/9***

www.ingramcontent.com/pod-product-compliance
Lightning Source LLC
LaVergne TN
LVHW052103160826
845678LV00015B/3330

* 9 7 8 6 5 0 1 2 0 6 6 3 9 *